L'ÚLTIM VIOLÍ

Anna Manso

IL·LUSTRACIONS DE GABRIEL SALVADÓ

W0252113

la meva
ARCÀDIA

Primera edició: març del 2014
Tercera impressió: juny del 2016

© 2014, Anna Manso Munné, pel text
© 2014, Gabriel Salvadó Martí, per les il·lustracions
© 2014, ATMARCÀDIA SL, per aquesta edició
Muntaner, 3 1r 1a
08011 – Barcelona
www.arcadia-editorial.com

Disseny de la coberta: Astrid Stavro
Composició: Fotocomposició 2000
Impressió i enquadernació: Vila Artes Gráficas, SL

ISBN: 978-84-938262-5-3
DL: B-2.494-2014

No és permesa la reproducció total, o parcial, d'aquesta publicació a través de qualsevol mitjà, en qualsevol llengua, sense el permís previ i per escrit dels titulats del copyright.

DITS QUE BALLEN CLAQUÉ

L'Octavi es podia passar la tarda sencera mirant el seu pare treballar. En Nicolau, un amic de l'escola, en canvi, aprofitava totes les hores del món provant d'acabar una col·lecció nova de cromos. La Georgina, la companya de taula de l'Octavi, dedicava tota l'hora del pati a estudiar el cau d'una aranya peluda. I l'àvia, que ja no hi tocava gaire, no es movia de davant la rentadora fins que s'aturava.

—No vull perdre de vista els meus mitjons vermells —deia.

Perquè l'àvia només volia dur aquells mitjons, i mentre giravoltaven dins el bombo de la rentadora, ella s'asseia en un tamboret davant de l'aparell, descalça. Quan eren nets, els eixugava amb un assecador de cabells i se'ls tornava a posar. I així, cada dia.

L'Octavi, quan no tenia deures, es passava la tarda al taller del pare per veure'l treballar. I les que tenia deures, també. Quan els amics li preguntaven de què feia el seu pare, ell responia que era constructor de violins.

—Sóc lutier, fill —el corregia l'home.

A l'Octavi aquella paraula no li agradava, o sí, però li feia vergonya dir-la.

—Papa, si dic que ets *lutier*, els meus amics no saben què vol dir.

—Doncs els expliques que un lutier és una persona que construeix un instrument. Un violí, per exemple.

De tota manera el pare no hi insistia. Al seu fill, la paraula no li agradava, però l'ofici, sí. Veia la cara del nen quan feia anar la gúbia i el ribotet, i com, encisat, tafanejava els calaixos i preguntava el nom de totes les eines:

—Això és un peu de rei… i això, un serjant… i això altre un compàs de gruixos —responia el pare, pacient. I reia quan l'Octavi feia una ganyota de fàstic quan li explicava que la cola calenta que utilitzava era feta de budells de gat. No li sabia gens de greu que li fes companyia

encara que el seu fill hagués de preparar-se un dictat, o fer sumes i restes. Al contrari.

El pare li havia construït una taula petita al taller; així, mentre feia els deures, l'Octavi no es perdia ni un detall. Seguia amb delit les mans enèrgiques i delicades del lutier quan convertien la fusta en diverses parts de l'instrument. I com, setmanes més tard, aquelles peces, encolades, es transformaven en un violí. L'Octavi, de tant en tant, demanava el telèfon mòbil al seu pare per fotografiar-lo treballant. Era un mòbil molt delicat. Per això el pare remugava, perquè trobava que no era pas per jugar, i li deia cinc vegades que no, i una que sí. Quan el pare hi accedia, el nen li feia mil i una fotografies. A través de la pantalla del telèfon, a l'Octavi li semblava que la feina del seu pare encara era més important.

Però feia dies que l'Octavi havia observat alguna cosa estranya. Les mans del pare tremolaven una mica, i quan passava això, se li escapava un renec:

—Casum els macarrons gratinats!

L'Octavi sabia que aquell renec el deia perquè ell era al davant. Quan estava sol, els renecs eren d'aquells que els nens no poden sentir. De vegades el deixava anar perquè es feia mal amb un enformador, o perquè s'enganxava els dits amb la cola i feia broma fent veure que no els podia separar.

—Casum els macarrons gratinats! Octavi, porta la serra elèctrica, que m'has de desenganxar els dits!

El nen reia, i portava una serra normal i corrent a la qual el pare havia enganxat amb cinta adhesiva un endoll espatllat. Pare i fill feien la comèdia: l'Octavi acostava la serra i, abans de fer-la anar, el pare separava els dits.

—Casum els macarrons gratinats, ja no podràs serrar-me els dits!

Darrerament, però, els renecs del pare ja no tenien res de broma.

Una tarda que l'Octavi es va quedar a casa refredat, la seva àvia va voler preparar-li el berenar. El got de llet va relliscar-li de les mans i es va trencar.

—Els dits de la nostra família són una murga. A partir d'una edat, ballen claqué. Bé, els del teu pare no. Els del teu pare construeixen violins!

L'Octavi sabia que el claqué era un ball que es ballava amb unes sabates que duien unes peces metàl·liques a les soles, que feien «cla-qué» quan repicaven a terra. Ho sabia perquè a l'àvia li agradaven les pel·lícules antigues d'una parella que ballaven claqué pertot arreu, fins i tot pel sostre! No, el que li va sorprendre no va ser que l'àvia parlés del claqué. El que el va deixar garratibat va ser entendre tot d'una per què el pare estava de tan mal humor: els seus dits també ballaven aquell ball. Construir violins començava a ser-li difícil. O molt difícil.

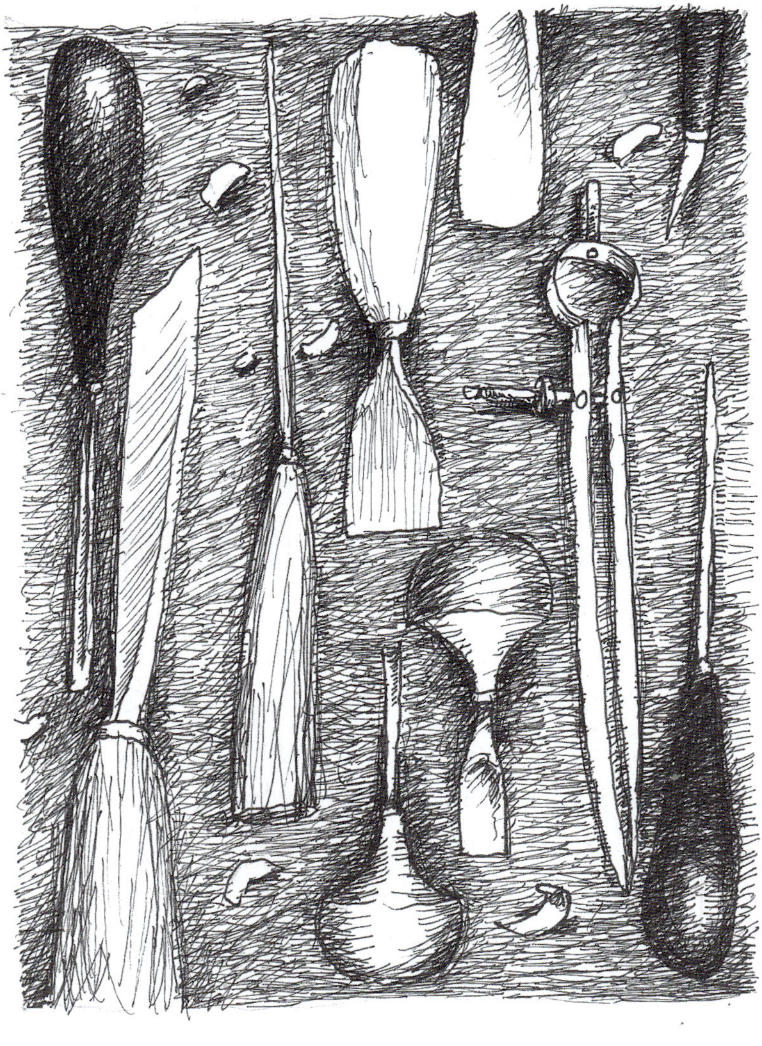

PARAULES QUE NO SURTEN

Aquella nit, abans d'anar a dormir, va estirar-se al llit dels seus pares a llegir una estona. L'Octavi solia posar-se entremig de tots dos cridant:

—Ja ve la salsitxa de Frankfurt!

I els pares l'abraçaven fort i responien:

—I aquí tenim el pa!

Però aquella nit va ser diferent. El pare s'havia quedat treballant al taller. La mare li va dir que s'havia endarrerit una mica, que ja sabia com era el pare... Sí, l'Octavi sabia que el seu pare era una mica «friqui», com en deia ell. La mare s'estimava més titllar-lo de perfeccionista. I el pare ho explicava ben clar: era un boig de la feina. De la seva, és clar. De vegades, mentre

sopaven, el pare hi era però no hi era.
Estava capficat en el violí que tenia entre mans.
Afegiria una mica més de trementina de Venècia al vernís? I si polia una mica més la voluta, la part final del mànec del violí que té forma d'onada? De totes maneres mai no es quedava treballant a la nit, o si més no, sempre tornava abans que l'Octavi se n'anés al llit.
Alguna cosa greu estava passant. O potser no?
Potser només eren cabòries seves. Va voler

preguntar-ho a la mare, però així que va obrir la boca, les paraules no van voler sortir. Ell no les va empènyer i va callar.

Aquella va ser la primera nit de moltes més sense el pare a casa. I de caps de setmana. Però allò no va ser el pitjor. El pare ja no volia que l'Octavi anés a fer-li companyia al taller. Li deia que ara tindria molta feina i li calia concentració màxima, que començava a ser gran i que s'havia de centrar en els estudis, que al taller hi feia

massa calor, que si a casa s'avorria ell li deixaria el seu mòbil perquè hi jugués… Aquestes excuses i altres de diferents eren les que el pare li deixava anar cada vegada que l'Octavi protestava. Però ell sabia què passava: el pare no volia que veiés que els seus dits estaven emmalaltint. L'Octavi li hauria volgut dir que no calia que se n'amagués, que feia temps que se n'havia adonat. Però les paraules, tossudes, de nou no van voler sortir.

En Nicolau, el seu amic, el va veure tan moix que va regalar-li el cromo més valuós de la col·lecció «Els monstres de la salsa de tomàquet». Era una col·lecció molt cara i cada sobre, amb només tres cromos, valia una fortuna. Però en Nicolau no en tenia mai prou. No parava de donar la tabarra a casa fins que no li compraven més i més cromos per omplir l'àlbum de monstres que disparaven raigs de salsa de tomàquet. L'Octavi es va mirar el cromo encuriosit. El monstre es deia «Espaguetimonstre» i feia molta gràcia. L'Octavi, que havia vist com el seu amic completava fins a deu col·leccions diferents, va preguntar al Nicolau per què feia tantes col·leccions de cromos.

—Faig col·lecció de col·leccions! —va respondre en Nicolau, satisfet.

L'Octavi li va donar les gràcies, però li va tornar el cromo. Tant de bo l'Espaguetimonstre pogués curar el pare d'aquell ball tan estrany que li feien els dits. Es va asseure en un racó, al pati, sense ganes de res. La Georgina se li va acostar i li va dir que aquell dia el pati era un avorriment. L'aranya peluda, igual que ell, no tenia ganes de res. I després va sospirar. Van estar-se en silenci una bona estona. A l'Octavi li va semblar estrany, perquè la Georgina, malgrat el que acabava de dir, no semblava gens avorrida.

De sobte, una idea li va esclatar dins el cap com un coet de sant Joan, i va preguntar a la Georgina si l'aranya peluda era verinosa. Havia llegit que el verí de la pell d'algunes granotes es feia servir per fabricar medicaments. I si resultava que l'aranya de la seva amiga podia salvar el pare?

—No. És peluda i prou —va respondre la nena.

I tots dos es van quedar observant com un núvol gros i boterut com un bull s'esfilagarsava fins a convertir-se en un núvol prim i lleuger com un mocador de seda.

A la tarda, en tornar a casa, va trobar-se l'àvia eixugant els mitjons vermells.

—Obre la boca —va demanar-li l'àvia.

L'Octavi ho va fer i, per sorpresa seva, l'àvia li va regalar una ràfega d'aire calent amb el seu petit assecador de cabells. Potser va ser l'aire calent, o les ganes de parlar; el cas és que, de sobte, les paraules, per fi, van sortir.

—Àvia, què farà, el pare, si no pot construir violins? Els dits li tremolen. I l'altre dia vaig sentir com la mare i ell parlaven del que li havia dit el metge. Ningú no sap què li passa. I cada vegada està pitjor —va deixar anar l'Octavi a raig.

L'àvia va rumiar una estona amb l'assecador encès.

—Haurà de plegar —va respondre.

I va continuar eixugant el seu parell de mitjons vermells.

LA VISITA

L'àvia tenia raó. Al pare li va costar molt i molt acabar el seu darrer encàrrec. Era un violí extraordinari, un model Stradivari 1714 que li havia encarregat un violinista que tocava arreu del món. El pare va convidar el seu amic Abel perquè el provés. El pare de l'Octavi sabia tocar-lo, però no era músic. I cada vegada que acabava un instrument feia venir un dels seus amics músics perquè el fessin sonar de debò. Aquelles provatures el feien posar una mica nerviós i l'Octavi no ho entenia. Encara no havia passat mai que un músic li digués que el violí no sonava bé. El pare era un lutier fantàstic. Un artista! I no era cap fatxenda. No en parlava mai, però hi havia gent que pensava que era el millor de tot el país!

Fins que aquell dia, l'Abel, per primera vegada, li va fer notar que el violí tenia un petit defecte. Tot plegat una minúcia de no res que es podia solucionar molt fàcilment. Però va ser suficient perquè el seu pare prengués una decisió: plegaria. Si no podia fer els violins que tenia al cap i al cor, no en faria més.

Va ser la mare qui ho va dir a l'Octavi. La cara del nen, en sentir-ho, es va tornar blanca tirant a verd florit, i després blanca tirant a groc rovell d'ou dur. Va seure, espantat, al costat de l'àvia, que sargia un forat d'un dels mitjons vermells. Llavors va recordar la història que el pare li havia explicat, aquella de quan tenia dotze anys: ell i el seu cosí miraven la televisió i van veure, en un programa que es deia «Terra d'escudella», com un senyor construïa un instrument musical amb una ampolla de cava i un pal d'escombra. Els dos nois el van voler imitar, però l'ampolla es va trencar i no se'n van sortir. Quan el pare es va quedar sol, va agafar un violí que hi havia a casa seva i el va desmuntar. El violí va quedar destrossat! Fet miques! Però al pare, remirant les tripes i l'interior d'aquell pobre instrument, li va semblar que s'endinsava dins un palau de fusta, màgic i meravellós. L'olor dolça de la fusta d'avet, el tacte suau i ferm i les formes arrodonides i exactes el van fascinar.

Acabava de descobrir que volia viure tota la vida dins aquell palau de fusta. Quan va explicar als seus pares que es volia dedicar a fer violins, ells se'l van quedar mirant com si fos un marcià. Però només durant uns segons. De seguida van posar fil a l'agulla i el pare va ser el primer nen

de la ciutat a estudiar un ofici tan poc comú. I ara… ara tot se n'anava en orris.

Però… què era allò que li passava pel davant del nas mentre rumiava? Ostres! L'àvia havia ficat els mitjons sargits dins les mans i les feia anar com si fossin dos titelles provant de pessigar-li el nas i fer-lo riure! Ho va aconseguir. L'Octavi va recuperar el color de la pell de sempre i quan el pare va tornar del taller, el va abraçar com mai.

Van seguir uns dies estranys. El pare feia endreça al taller i va permetre que l'Octavi l'hi acompanyés. Allà dins, el temps s'havia aturat. Les cadires, les taules, el banc de treball, els quadres, les eines… tot era antic.

—Els violins —explicava el pare mig en broma mig de debò— són uns instruments antiquats, de l'any de la picor, i el taller també ho ha de ser.

El pare no necessitava tan sols silenci o bona música i bona companyia per treballar; també que tot el que l'envoltés fos especial.

Mentre pare i fill desaven les formes, una mena de plantilles en forma de violí, que s'havien quedat escampades, van rebre la visita d'una parella, un home i una dona força estrafolaris. La senyora duia els cabells pèl-rojos, pentinats amb unes trenetes que li arribaven fins al cul. I el senyor lluïa una barba llarga i rossa pentinada amb unes trenetes que li arribaven fins al melic. L'Octavi els va batejar amb el sobrenom dels «Trenetes». Ells, però, es van presentar al pare com la Sibil·la i en Sigfrid. Havien vingut a fer-li un encàrrec molt especial:

—Volem un violí. El seu últim violí —va dir amb veu rogallosa el senyor Trenetes.

El pare se'ls va mirar sense entendre res. La senyora Trenetes no va trigar ni un instant a explicar-li aquell misteri. S'havien assabentat que plegava. Que mai més no tornaria a fer cap violí. I volien demanar-li un petit esforç: que els construís un últim violí. Sens dubte, seria el millor. Per què? Doncs perquè li pagarien una carretada de diners i perquè, com que seria l'últim, estaven convençuts que hi posaria totes les ganes i el faria molt i molt bé. Tot això als Trenetes els interessava i molt.

—Però, per què volen aquest violí? Són músics? —els va preguntar el pare. Ell sabia reconèixer un violinista a primer cop d'ull, i aquell parell tenien més pinta de vampirs que no pas de músics.

—No ho som. Volem el violí per a la nostra col·lecció —va anunciar el senyor Trenetes.

—Una col·lecció de violins? —va preguntar el lutier, desconfiat.

La Sibil·la i en Sigfrid es van mirar, van somriure i tot seguit van explicar de quina mena de col·lecció era aquella i per què l'anomenaven «l'última col·lecció».

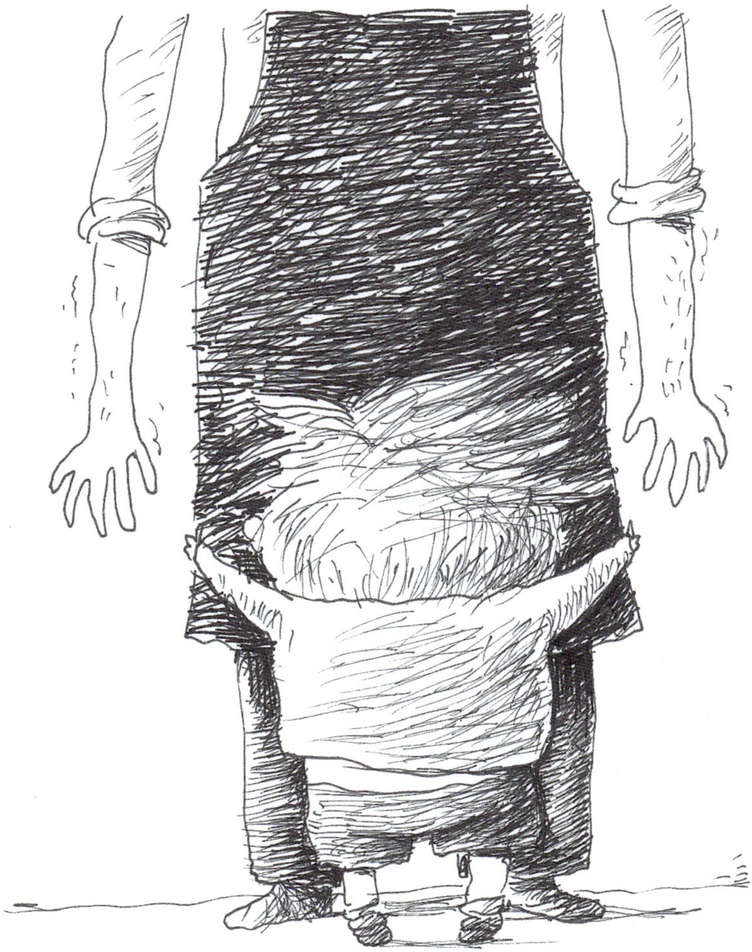

LA COL·LECCIÓ

A casa, el pare seia en silenci a taula. No tenia esma de parlar. La proposta d'aquella parella l'havia deixat amb el cervell ennuvolat. L'Octavi va explicar la visita dels Trenetes a la mare i l'àvia fil per randa:

—Al senyor Trenetes els ulls li brillaven com si fossin un lector de codi de barres dels que fan servir els caixers del súper —precisava, excitat.

La Sibil·la i en Sigfrid col·leccionaven tota mena d'objectes i records que, per alguna raó, eren els últims de la seva espècie. Últims i, per tant, únics i valuosíssims! Ara, cada un costava una fortuna. Tenien, per exemple, els bigotis de l'últim tigre que va viure en una selva llunyana; el retrovisor de l'últim cotxe amb què va competir el famós corredor de Fórmula 1, Emerson Fittipaldi; el darrer mocador amb el qual es va mocar i eixugar les llàgrimes d'emoció la gran cantant d'òpera, Maria Callas, a l'últim concert que va oferir; la tassa que va fer servir per esmorzar l'astronauta Neil Armstrong abans de marxar cap a la lluna, i també els mitjons de ratlles que duia posats l'actriu que feia de Pippi Langstrump el dia que es va gravar l'últim episodi de la sèrie, o l'últim pot de brillantina amb el qual es va pentinar l'escapista Houdini a la seva darrera actuació. La llista era llarguíssima i ara volien un violí del pare. L'últim que faria.

—Diuen que la fama del pare no ha parat de créixer i que el seu últim violí tindrà un preu altíssim! Que el pare no és només el millor lutier del país, sinó que és el millor del món! —va xisclar l'Octavi, nerviós.

—Però no el volen pas per tocar-lo. El violí es florirà, dins una vitrina —va xiuxiuejar el pare, moix.

A la taula es va fer un silenci que deia moltes coses: que el pare no volia fer un violí que no el toqués ningú; que a la mare tampoc no li feia gràcia; que l'Octavi ho entenia, però que els diners que els Trenetes li havien ofert al pare

eren… MOLTS. I que l'àvia acabava de notar que als mitjons vermells els havia tornat a sortir un forat i calia tornar-los a sargir.

L'endemà, quan l'Octavi ho va explicar a en Nicolau i a la Georgina a l'hora del pati, tots dos van obrir uns ulls com unes taronges. Però per motius ben diferents.

—Una col·lecció d'últims objectes! Quina passada! —va exclamar en Nicolau.

—Tenen l'última aranya peluda de color fúcsia dissecada del món? —va demanar la Georgina.

L'Octavi va sospirar. Els seus amics no l'estaven ajudant gaire. O sí. En Nicolau li va fer veure com n'era d'emocionant, col·leccionar. Ell, al quiosc, abans de comprar els cromos, passava el palmell de la mà pel damunt dels sobres tancats per tractar d'endevinar quin tindria més cromos «faltis», com deia en Nicolau. A més, l'emoció d'enganxar el darrer cromo era molt millor que clavar un gol a l'últim minut i deixar el rival amb un pam de nas. Tot i que a cap dels tres no els agradava gaire el futbol.

La Georgina va voler saber què passava quan en Nicolau acabava una col·lecció. I el seu amic, tot content, li va respondre que aquell també era un moment bestial perquè el pare i la mare li deixaven triar una col·lecció nova! «I oblidava la col·lecció que acabava de fer», li hauria etzibat l'Octavi. Però va callar, perquè entenia que per a algunes persones allò de col·leccionar tenia una certa gràcia. A ell no n'hi feia cap, perquè perdia la paciència. O perquè, senzillament, tant se li'n fumia tenir tants cromos. Només n'havia fet una, de col·lecció, i ja n'havia tingut prou.

—A mi tampoc no m'agrada col·leccionar —va afegir la Georgina.

—I un rave! —va saltar en Nicolau. —Tu col·lecciones temps badant davant la teva aranya peluda.

—Ah, potser sí... —va respondre la Georgina, dubtosa. —O potser no.

El que era ben segur és que l'Octavi estava envoltat de gent amb dèries ben rares. L'àvia no en tenia mai prou d'utilitzar els seus mitjons vermells, la Georgina, de contemplar l'aranya peluda, en Nicolau, de col·leccionar cromos, el pare, de construir violins, la mare… no.

La mare no tenia cap dèria especial. I ell? No ho tenia gaire clar. La feina del pare li agradava molt i saber que ja no tornaria a veure'l fer anar les raspes per polir la fusta el posava molt trist. Però, de tots, qui tenia la dèria més rara era aquella parella, la Sibil·la i en Sigfrid, els horribles Trenetes.

Aquella mateixa tarda van tornar a visitar el pare per oferir-li el doble de diners! I el van avisar que si no es decidia aviat, ho deixarien estar. Els havien parlat d'una pedra, l'última on van seure a descansar l'escalador Edmund Hillary i el seu xerpa Tenzing abans de fer el cim de l'Everest. Esperarien un dia i prou. Si el pare no els deia res, es gastarien els diners comprant aquella maleïda pedra.

EL VIOLÍ

L'Octavi va passar la nit del lloro. No va ser l'únic. Quan es va llevar per anar a beure un got d'aigua, a la cuina hi va trobar el seu pare amb els ulls clavats al microones. L'Octavi va pensar que al pare no tan sols se li havia encomanat el claqué dels dits de l'àvia, sinó que ara també s'enfavava davant d'un electrodomèstic. S'equivocava. El pare s'havia escalfat un got de llet. Però s'havia enfilat en els seus pensaments i s'havia oblidat de la llet i del microones. Pare i fill van seure al voltant de la petita taula de la cuina. El pare xarrupava la llet i el nen glopejava l'aigua.

L'Octavi havia sentit a parlar de la telepatia, un do que tenen algunes persones, que els permet

saber què pensen els altres. O això diuen.
Va concentrar-se per veure si ell tenia aquest do. Va mirar fixament el front del pare com si aquell trosset de pell fos una pantalla. «Tant de bo hi apareguessin unes lletres amb els pensaments del pare», va pensar. Però res. No hi sortia cap lletra, i els ulls li cremaven perquè, de tan concentrat, s'havia oblidat de parpellejar.

Després tots dos van escarxofar-se al sofà i van encendre el televisor. Feien un programa sobre les plagues de llagosta. Els insectes voladors endrapaven la vegetació d'arreu on passaven, i convertien els prats, boscos i cultius en deserts. Semblava que la seva gana no tenia fi. I mentre miraven la tele es van adormir.

L'endemà, el pare va anunciar que acceptaria la proposta de la Sibil·la i en Sigfrid: construiria el seu últim violí. Aquells diners els permetrien viure d'ara endavant sense patir i calia aprofitar l'ocasió. No li agradava gens haver de construir un instrument que no tocaria ningú, però s'empassaria el disgust.

Els Trenetes van anar de seguida al taller. Duien un contracte, un paper en el qual hi havia escrit que el pare acceptava de fer el violí, i que mai de la vida tornaria a construir-ne cap més. Fins i tot si es recuperava de la seva estranya malaltia, hauria de dedicar-se a un altre ofici. El pare el va signar i va quedar que els avisaria quan tingués enllestit l'instrument al cap d'uns tres mesos. La parella va marxar exultant del taller. Acabaven d'aconseguir un autèntic tresor.

A partir d'aquell moment, el pare es va tancar al taller tot el dia. Hi havia nits que fins i tot s'hi quedava a dormir. Mai no havia treballat d'aquella manera. Era com si li hagués agafat una febrada, com si hagués embogit. L'Octavi anava a fer-li companyia en sortir de l'escola. El pare l'hi havia demanat. Volia explicar-li pas a pas tot el que feia, i xerrava i xerrava hores i hores sobre els mil aspectes que calia tenir en compte. El primer que havia de decidir, per exemple, era per què triava un model i no un altre.

—Ja ho sé, fill, que no el tocarà ningú. Però l'estic fent com si l'haguessis de tocar tu de gran —va confessar el pare.

L'Octavi va protestar, ell tocava fatal. Sí, anava a classe de música i estava aprenent a tocar el violí. Però no ho feia pas perquè li agradés gaire. Quan els seus pares li van dir que creien que era important que estudiés música, ell va respondre que llavors aprendria a tocar la bateria. Però els pares només li van deixar triar entre estudiar violí o piano. I va triar el violí.

El pare va insistir. Necessitava saber la persona que el tocaria i per a aquell violí s'imaginaria l'Octavi. Estudiava el cos del violinista. Si es tractava d'una noia menuda i prima, construïa un violí una mica més petit, i procurava donar-li un so més enèrgic. En canvi, si el violinista era alt i cepat, calia que el so fos més cristal·lí. Feia més salat el que era molt dolç i més dolç el que era massa salat. En el cas de l'Octavi, ja es veia que de gran no seria gaire alt i que les seves formes serien arrodonides.

—Seré una síndria —sospirava l'Octavi.

—Exagerat. Seràs el que seràs —li responia el pare.

El pare, per tant, va dibuixar, tallar, encolar, polir, repolir, envernissar i ajustar el violí perquè el seu so fos lleuger com un plomissol. I, per primera vegada, va permetre que l'Octavi l'ajudés. El nen va remenar fins a tenir a punt la cola calenta amb la qual el lutier encolava les peces. I quan el pare va preparar el vernís, va ser el fill qui li va anar passant els pots i potets amb tots els ingredients. El lutier va triar el color de vernís que més agradava a l'Octavi: el vermell sang de drac. I també va deixar que fos el seu fill qui triés l'ànima, un petit cilindre de fusta que es col·loca a l'interior del violí. L'Octavi es va estar mitja hora per escollir-la. Col·locar l'ànima era l'últim que es feia. El pare li estava concedint un gran honor. El lutier havia dit que qualsevol d'aquelles ànimes seria una bona tria. Totes estaven fetes perquè el violí sonés a la perfecció. Però aquella era l'última ànima de l'últim violí del pare, i volia posar-hi la millor.

—No pateixis. Tria la que tu vulguis, totes hi poden anar bé —el va tranquil·litzar el lutier.

Però l'Octavi patia. El seu pare havia dedicat a aquell violí una energia doble, o triple, o quàdruple! Havia lluitat perquè els dits li fessin cas i se n'havia sortit. S'havia concentrat tant en la feina que, en lloc d'enllestir el violí en tres mesos, l'havia acabat en disset dies. Però ara estava esgotat i no es trobava gens bé. L'Octavi va escollir la petita peça de fusta. El pare va fer-li un tallet i la va col·locar a l'interior de l'instrument. El violí estava acabat.

En tornar a casa, van trobar-ho tot potes enlaire. L'àvia, no sabia com, havia perdut el seu parell de mitjons i no apareixien enlloc. El pare no es va veure amb cor d'ajudar a buscar-los. Se sentia malalt i es va ficar al llit. Però ni amb la col·laboració de l'Octavi els mitjons van sortir del seu amagatall. La malaltia del pare, el punt i final a l'últim violí i els mitjons desapareguts els van fer anar dormir amb una tristesa enganxosa i empipadora.

PROU I DE SOBRES

El pare havia promès als Trenetes que els trucaria al cap de tres mesos. Però, tot i que el violí ja estava acabat, no els va avisar. Per culpa de l'esforç es va haver d'enllitar dues setmanes senceres.

L'àvia també tenia un gran disgust. El seu parell de mitjons vermells s'havien fos. L'Octavi n'hi va regalar un altre parell, però la dona no semblava gaire contenta. Va agafar un refredat de por i també va haver de fer llit quinze dies.

Van passar els dies i l'àvia i el pare es van trobar millor. A poc a poc, tot tornava al seu lloc. El pare va continuar fent endreça al taller com si ho volgués deixar tot a punt per tornar a fer un nou instrument. Ningú no parlava del violí. El tema preferit de conversa era l'aniversari de l'Octavi. Li van proposar d'organitzar un berenar amb tots els seus amics. L'Octavi, que no estava gaire animat, només hi va convidar en Nicolau i la Georgina.

Van berenar pastissets aranya de xocolata fets de massa rodona, amb uns bastons de pa enganxats, que havien preparat la mare i l'Octavi. El pare i l'Octavi havien fet unes galetes cromos molt originals. I l'àvia i l'Octavi, un pastís en forma de mitjó vermell. Va ser un berenar divertit i entre tots van aconseguir oblidar les penes. Els tres amics van fer curses de croquetes pel passadís, rodolant i fent tombarelles. Els pares els van deixar que s'esclafessin un ou al cap dins la dutxa, vestits i tot! I després, en lloc d'agafar roba de l'Octavi per canviar-se, es van disfressar de monstres de la salsa de tomàquet.

Va arribar l'hora de bufar les espelmes. La mare va recordar a l'Octavi que havia de demanar un desig.

Ell va tancar els ulls, va imaginar un desig brillant i preciós i va apagar les espelmes d'una sola bufada. Tothom va aplaudir! Tothom menys el pare, que havia marxat. Va tornar al menjador amb una capsa.

Era el seu regal d'aniversari.

L'Octavi no s'ho podia creure. Era el violí que havia fet el pare! El seu últim violí!

—Pare, i els Trenetes? Vull dir la Sibil·la i en Sigfrid?! —li va preguntar.

El pare li va explicar que s'ho havia repensat. Aquells dies ajagut al llit havia tingut molt de temps per rumiar. S'havia adonat que mentre construïa el darrer violí havia gaudit com mai, sobretot ensenyant a l'Octavi tots els seus secrets de lutier. Ell ja havia construït molts violins, i si ara no en podia fer més, ho hauria d'acceptar. Potser ja n'havia fet suficients. Pels diners, va continuar el pare, no calia patir. Havien estalviat. La mare treballava. I ell, quan es trobés una mica millor, faria de professor per a tots els que volguessin aprendre el seu ofici. Amb el reconeixement que tenia no li faltarien alumnes. Tots van brindar. Aquella nit l'Octavi se'n va anar dormir amb un somriure de babau als llavis.

El pare va explicar als Trenetes que no els vendria el violí. Els va dir que no volia que l'instrument es passés els dies dissecat en una col·lecció tan ximple. I que perdonessin les molèsties.

Els Trenetes es van enfadar. Però, per molt que la parella es va queixar i protestar, al final va tocar el dos sense el violí.

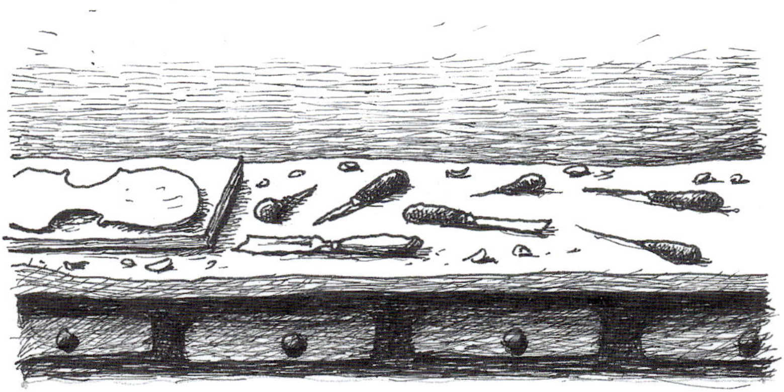

Van passar els mesos. L'àvia va trobar els mitjons vermells entaforats dins un pot de la cuina. Estaven tan arrugats que els va haver de llençar i es va decidir a posar-se el parell de mitjons que li havia regalat l'Octavi. I li anaven la mar de bé. Els dits del pare van afluixar les seves ganes de ballar claqué, però no del tot, i es va convertir en un professor excel·lent.

L'Octavi tenia el violí a la seva habitació. I des que el pare l'hi havia regalat, anava a les classes de música amb més ganes. Sabia que no seria mai un gran violinista. Ell seria lutier. Ho havia decidit. Però volia aprendre a tocar aquell violí que el pare li havia construït. Ni que fos una mica bé: ja en tindria prou i de sobres.

L'ANNA MANSO va néixer a Barcelona l'any 1969 i encara viu a la mateixa ciutat, al mateix barri i al mateix carrer. És escriptora i guionista. També escriu articles per a la premsa, obres de teatre infantil, blogs i tot allò que se li acut. Quan la conviden a les escoles explica que d'imaginació en tenim tots, però que és cosa de cadascú fer-la servir o no. L'Anna llegeix molts llibres. Si no li agraden, no els acaba. I si li agraden, els rellegeix. Si vols saber més coses de l'Anna, entra al seu blog: www.manso.org

El GABRIEL SALVADÓ (@elGabriel) va néixer a Barcelona l'any 1966 i és guionista i dibuixant. Ha escrit alguns capítols de la sèrie de «Les tres bessones» i ha fet guions per a diversos programes de televisió i ràdio. Podeu veure alguns dels seus dibuixos a www.flickr.com/photos/eldibuixant i en algun dels llibres que ha il·lustrat, com *La llista d'aniversari*, que també va escriure l'Anna Manso.

La història que s'explica en aquest llibre
s'ha inspirat, d'alguna manera, en el David Bagué,
que és lutier i al qual volem agrair
la seva bona disposició.
www.bagueviolins.com